Secretos SEO: Buenas técnicas para escalar posiciones en Google

por

Gubitosa Pierfranco

Prefacio

En la era digital en la que vivimos, el éxito de un negocio en línea ya no depende únicamente de la calidad del producto o servicio ofrecido. En el centro de una estrategia de marketing digital de éxito está la capacidad de ser encontrado por los clientes potenciales en el momento exacto en que buscan información, soluciones o productos en Internet. Aquí es donde entra en juego la optimización para motores de búsqueda, más conocida como SEO (Search Engine Optimization).

"Los secretos del SEO: técnicas eficaces para escalar posiciones en Google" se ha creado con el objetivo de guiarle a través de la compleja dinámica de la optimización para motores de búsqueda. Tanto si es usted un empresario deseoso de aumentar la visibilidad de su negocio en Internet, como un profesional del marketing con la intención de perfeccionar sus habilidades, o simplemente un entusiasta digital, este libro está diseñado para proporcionarle herramientas prácticas y estrategias eficaces.

El SEO es una disciplina en constante evolución, influida por las frecuentes actualizaciones de los algoritmos de Google y los cambiantes hábitos de búsqueda de los usuarios. En este contexto, es fundamental mantenerse al día sobre las mejores prácticas. Nuestro objetivo es hacer accesibles y comprensibles conceptos que a menudo pueden parecer complejos, proporcionando orientaciones claras y detalladas que puedan seguirse paso a paso.

El libro está estructurado para cubrir todos los aspectos fundamentales del SEO: desde el análisis de palabras clave hasta la creación de contenidos de calidad, desde la optimización técnica del sitio hasta la creación de una sólida red de enlaces. Cada capítulo se enriquece con ejemplos concretos, estudios de casos y consejos prácticos, fruto de años de experiencia y experimentación sobre el terreno.

Pero el SEO no es sólo técnica. En el corazón de cualquier estrategia ganadora se encuentra un profundo conocimiento de las necesidades de su audiencia y la capacidad de ofrecer un valor real a través del contenido. Por eso se presta especial atención a la importancia de crear una experiencia de usuario positiva y contenidos que respondan realmente a las preguntas y necesidades de los visitantes.

Al leer "Los secretos del SEO", aprenderá no sólo las técnicas más eficaces para mejorar la clasificación de su sitio en Google, sino también a desarrollar una mentalidad de mejora y adaptación continuas.

Con la esperanza de que este libro sea un recurso valioso en tu viaje, te invitamos a sumergirte en su lectura con curiosidad y determinación. Escalar posiciones en Google es un reto apasionante y estamos aquí para acompañarte paso a paso.

¡Feliz lectura y buen trabajo!

Pierfranco Gubitosa

Índice

- Uso del mapa del sitio XML y del archivo robots.txt

5. **Creación de backlinks**

   - ¿Qué es un backlink y por qué es importante?
   - Estrategias para obtener backlinks de calidad
   - Blogs de invitados y difusión de contenidos
   - Análisis y seguimiento de backlinks

6. **Uso de las redes sociales**

   - La influencia de las redes sociales en la SEO
   - Estrategias para compartir contenidos
   - Crear una comunidad en línea
   - Seguimiento de la participación en las redes sociales

7. **Experiencia de usuario (UX)**

   - Importancia de la UX para el SEO
   - Diseño intuitivo y navegación sencilla
   - Optimización de la velocidad de carga
   - Pruebas y mejoras continuas de la experiencia del usuario

8. **SEO local**

   - Entender el SEO local
   - Optimización de Google My Business
   - Recogida y gestión de revisiones
   - Estrategias para las actividades locales

9. **Seguimiento y análisis**

- Herramientas de análisis SEO
- Supervisión del tráfico y el rendimiento del sitio
- Análisis de palabras clave y contenidos
- Uso de Google Analytics y Google Search Console

10. **SEO para comercio electrónico**

- Especificidades del SEO para sitios de comercio electrónico
- Optimización de las fichas de producto
- SEO para categorías de productos
- Estrategias para aumentar la tasa de conversión

11. **Contenido multimedia**

- Optimización de imágenes
- Utilizar vídeos para SEO
- Realización de infografías
- Impacto de los contenidos multimedia en el SEO

12. **SEO y marketing de contenidos**

- Sinergia entre SEO y marketing de contenidos
- Planificar una estrategia de contenidos
- Creación de contenidos perennes
- Distribución y promoción de contenidos

13. **Algoritmos y actualizaciones de Google**

- Principales actualizaciones del algoritmo de Google

INTRODUCCIÓN A SEO

¿Qué es el SEO?

SEO (Search Engine Optimisation) es el conjunto de técnicas y estrategias utilizadas para mejorar la visibilidad de un sitio web en los resultados orgánicos de los motores de búsqueda, principalmente Google. El principal objetivo del SEO es aumentar el tráfico orgánico al sitio mejorando su clasificación en las SERPs (Páginas de Resultados de los Motores de Búsqueda). El SEO se divide en dos macroáreas:

1. **SEO en la página**: se refiere a la optimización de los elementos internos del sitio web, como el contenido, las meta descripciones, las etiquetas H1, H2, las imágenes, la estructura del sitio web y la velocidad de carga de la página.
2. **SEO Off-Page**: Son todas aquellas actividades fuera del sitio web como la construcción de backlinks, marketing en redes sociales, menciones online y otras técnicas para mejorar la autoridad y relevancia del sitio a ojos de los buscadores.

La importancia del SEO en el marketing digital

El SEO es un elemento clave del marketing digital por varias razones pero las principales se pueden resumir en cuatro y son:

1. **Visibilidad y tráfico** orgánico: Una buena posición en los resultados de búsqueda aumenta la visibilidad del sitio web, lo que se traduce en un

incremento del tráfico orgánico. Cuanto más alta sea la clasificación, más probabilidades habrá de que los usuarios visiten el sitio.

2. **Credibilidad y confianza**: los usuarios tienden a confiar más en los resultados orgánicos de Google que en los anuncios de pago. Aparecer entre los primeros resultados sugiere a los usuarios que el sitio tiene autoridad, es relevante y merece ser visitado.

3. **Rentabilidad**: en comparación con las campañas publicitarias de pago (como Google Ads), el SEO puede ser más rentable a largo plazo. Una vez que el sitio está bien posicionado, el tráfico orgánico sigue fluyendo sin gastos adicionales significativos.

4. **Experiencia del usuario**: El SEO no sólo tiene que ver con los motores de búsqueda, sino también con la experiencia del usuario. Un sitio web optimizado suele ser más rápido, más fácil de usar en dispositivos móviles y más sencillo de navegar, lo que mejora la satisfacción del usuario.

Evolución de los algoritmos de Google

Los algoritmos de Google evolucionan constantemente para mejorar la calidad de los resultados de búsqueda y combatir el spam. Estos son algunos de los principales pasos evolutivos:

1. **Google Panda (2011)**: Introducido para penalizar los sitios con contenidos de baja calidad y

duplicados. Fomentó la creación de contenidos originales de alta calidad.

2. **Google Penguin (2012)**: Golpeó a los sitios que utilizaban técnicas manipuladoras de construcción de enlaces. Impulsó una construcción de backlinks más natural y auténtica.

3. **Colibrí (2013)**: Mejoró la comprensión de las consultas de búsqueda introduciendo el concepto de búsqueda semántica. Google comprendió mejor el contexto y la intención de las consultas de los usuarios.

4. **RankBrain (2015)**: Sistema de inteligencia artificial que ayuda a Google a interpretar mejor las consultas de búsqueda y ofrecer resultados más relevantes. Es especialmente eficaz a la hora de procesar consultas complejas y nunca vistas.

5. **BERT (2019)**: Una evolución más de la búsqueda semántica, BERT ayuda a Google a comprender mejor los matices y el contexto de las palabras en las consultas de búsqueda.

Objetivos y expectativas realistas

Al iniciar una estrategia de SEO, es importante tener objetivos claros y expectativas realistas. Estos son algunos puntos clave que debes seguir al pie de la letra para asegurarte de obtener resultados:

1. **Tiempo y paciencia**: la SEO es una estrategia a largo plazo. Los resultados significativos pueden

tardar meses, a veces incluso un año. Es importante no esperar mejoras inmediatas.

2. **Análisis y supervisión**: utilice herramientas como Google Analytics y Google Search Console para supervisar el rendimiento del sitio y adaptar la estrategia SEO en función de los datos recopilados.

3. **Contenido de calidad**: La creación de contenidos de alta calidad, relevantes y útiles para el público objetivo es crucial. Los algoritmos de Google recompensan a los sitios que aportan valor a los usuarios.

4. **Construcción natural de enlaces**: Evite las técnicas manipuladoras de construcción de enlaces. Céntrate en construir relaciones genuinas y obtener backlinks de sitios con autoridad y relevantes.

5. **Adaptación constante**: los algoritmos de los motores de búsqueda evolucionan constantemente. Es esencial estar al día de las últimas tendencias SEO y de las mejores prácticas para mantener y mejorar los rankings.

En conclusión, el SEO es un elemento crucial del marketing digital que requiere un enfoque estratégico y paciente. Con la combinación adecuada de técnicas on-page y off-page, un análisis constante y un enfoque en contenidos de calidad, es posible lograr resultados significativos a largo plazo.

BÚSQUEDA DE PALABRAS CLAVE

La búsqueda de palabras clave es un componente fundamental del SEO. Identificar las palabras clave adecuadas le permite dirigir el tráfico a su sitio web de forma eficaz y selectiva. En este capítulo, explicamos cómo entender la intención de búsqueda, las herramientas disponibles para la investigación de palabras clave, la diferencia entre palabras clave de cola larga y de cola corta, y cómo analizar la competencia.

Comprender la intención de la investigación

Entender la intención de búsqueda significa comprender qué buscan realmente los usuarios cuando escriben una determinada palabra clave en un motor de búsqueda. La intención de búsqueda suele dividirse en tres categorías principales:

1. **Intención informativa**: los usuarios buscan información sobre un tema concreto. Ejemplos de palabras clave: "cómo hacer pan" o "qué es el SEO".
2. **Intención de navegación**: los usuarios buscan un sitio web específico. Ejemplos de palabras clave: "inicio de sesión en Facebook" o "sitio web oficial de Apple".
3. Intención **transaccional**: los usuarios tienen la intención de realizar una compra o una acción concreta. Ejemplos de palabras clave: "comprar zapatos online" o "suscribirse a Netflix".

Herramientas de búsqueda de palabras clave

Existen varias herramientas que ayudan en la búsqueda de palabras clave, cada una con funcionalidades únicas:

1. **Planificador de palabras clave de Google**: herramienta gratuita ofrecida por Google Ads que proporciona datos sobre el volumen de búsqueda de palabras clave y sugerencias relacionadas.
2. **SEMrush**: Una completa suite SEO que ofrece análisis de palabras clave, competidores y sitios web.
3. **Ahrefs**: Conocida por su sólida base de datos de backlinks, Ahrefs también proporciona herramientas para la investigación de palabras clave y el análisis de la competencia.
4. **Moz Keyword Explorer**: Otra potente herramienta para encontrar palabras clave relevantes y analizar la dificultad de clasificación.
5. **Ubersuggest**: Creada por Neil Patel, es una herramienta gratuita que ofrece sugerencias de palabras clave y análisis del volumen de búsqueda.

Palabras clave de cola larga frente a palabras clave de cola corta

Las palabras clave pueden dividirse en dos categorías principales: palabras clave de cola larga y palabras clave directas.

1. **Palabras clave directas**: son términos de búsqueda genéricos formados por una o dos palabras. Por ejemplo, "zapatos", "SEO" o "marketing digital". Estas palabras clave suelen

tener un alto volumen de búsquedas, pero también son muy competitivas y menos específicas.

2. **Palabras clave de cola larga**: son frases más específicas, formadas por tres o más palabras. Por ejemplo, "zapatillas de running para mujer", "estrategias SEO para comercio electrónico" o "cómo hacer marketing digital para pequeñas empresas". Estas palabras clave suelen tener un menor volumen de búsquedas, pero son menos competitivas y más específicas. Los usuarios que utilizan palabras clave de cola larga suelen tener una intención de búsqueda más clara y específica, lo que puede dar lugar a mayores tasas de conversión.

Análisis de la competencia

El análisis de la competencia es un paso importante en la investigación de palabras clave. Le permite identificar qué palabras clave están utilizando sus competidores y cómo se están posicionando para estas palabras. He aquí algunos pasos para llevar a cabo un análisis eficaz:

1. **Identifique a los competidores**: Identifique a los principales competidores de su sector. Puede hacerlo simplemente buscando las principales palabras clave de su sector y observando qué sitios aparecen en las primeras páginas de los buscadores web.

2. **Utilice herramientas de análisis**: herramientas como SEMrush, Ahrefs y Moz pueden ayudarle a analizar las palabras clave para las que se clasifican

sus competidores. Estas herramientas proporcionan información sobre el volumen de búsquedas, la dificultad de clasificación y los vínculos de retroceso de los sitios de la competencia.

3. **Analizar** el contenido **de la competencia**: Examine el contenido de los sitios de la competencia que ocupan una buena posición para las palabras clave que le interesan. Preste atención a la calidad del contenido, la estructura, las palabras clave utilizadas y las estrategias de creación de enlaces.

4. **Identifique oportunidades**: Tras analizar la competencia, intente identificar lagunas y oportunidades. ¿Existen palabras clave relevantes para su sector que sus competidores no estén explotando? ¿Hay áreas en las que pueda crear contenidos mejores y más detallados?

Para recapitular...

La búsqueda de palabras clave es esencial para una estrategia SEO eficaz. Comprender la intención de búsqueda, utilizar las herramientas adecuadas, elegir entre palabras clave de cola larga y de cola corta y analizar la competencia son pasos clave para dirigir el tráfico a su sitio web de forma óptima y selectiva. Con una investigación de palabras clave precisa y bien planificada, puede mejorar significativamente su posicionamiento en los motores de búsqueda y alcanzar sus objetivos de marketing digital.

OPTIMIZACIÓN ON-PAGE

La optimización en la página es una parte del SEO, que se centra en mejorar los elementos individuales de un sitio web para lograr una mejor clasificación en los resultados de búsqueda y atraer tráfico relevante. En este capítulo explico la creación de contenidos de calidad, la importancia de las metaetiquetas, la estructura de las URL y el uso eficaz de las palabras clave en los contenidos.

Creación de contenidos de calidad

El contenido es la base del SEO on page. Google y otros motores de búsqueda recompensan a los sitios que ofrecen contenidos de alta calidad, relevantes y útiles para los usuarios. Aquí tienes algunos consejos para crear contenidos de calidad:

1. **Originalidad y unicidad**: Evite los contenidos duplicados. Cada página debe ofrecer información única y original.
2. **Relevancia**: asegúrese de que su contenido es relevante para las consultas de búsqueda de los usuarios. Entiende a tu audiencia y responde a sus preguntas.
3. **En profundidad**: Ofrezca contenidos detallados y en profundidad. Las páginas largas, bien estructuradas e informativas tienden a posicionarse mejor.
4. **Legibilidad**: utilice un lenguaje claro y sencillo. Estructure el texto con párrafos cortos, listas con viñetas y títulos para facilitar la lectura.

5. **Actualización periódica**: Mantenga el contenido actualizado para responder a los cambios y a la nueva información.

Metaetiquetas: Títulos y descripciones

Las metaetiquetas son elementos HTML que proporcionan información a los motores de búsqueda y a los usuarios sobre el contenido de una página. Las más importantes son el meta título y la meta descripción.

1. **Meta título**: es el título que aparece en los resultados de búsqueda. Debe ser claro, conciso y contener la palabra clave principal de la página. La longitud ideal es de entre 50 y 60 caracteres.

    - **Ejemplo**: "La guía completa de SEO: estrategias y consejos para 2024".

2. **Meta descripción**: se trata de una breve descripción del contenido de la página que aparece debajo del título en los resultados de búsqueda. Debe ser persuasiva y contener la palabra clave principal. La longitud ideal oscila entre 150 y 160 caracteres.

    - **Ejemplo**: "Aprenda a mejorar el posicionamiento de su sitio web con nuestra completa guía SEO. Estrategias actualizadas para 2024".

Estructura de URL

La estructura de la URL es un elemento a menudo descuidado pero importante para la optimización en la página. Una URL bien estructurada es fácil de leer para los usuarios y los motores de búsqueda. Estas son algunas de las mejores prácticas:

1. **Simplicidad**: las URL deben ser sencillas y fáciles de leer. Evite los números y los caracteres especiales.

2. **Palabras clave**: Incluya la palabra clave principal en la URL para mejorar la relevancia.

3. **Separación**: utilice guiones para separar las palabras de la URL. Evite el uso de guiones bajos y otros símbolos.

4. **Longitud**: mantenga las URL breves y descriptivas. Evite las URL largas y complejas.

   - **Ejemplo**: "https://www.esempio.com/guida-seo-2024

Uso eficaz de las palabras clave en los contenidos

El uso eficaz de las palabras clave es esencial para la optimización en la página. Sin embargo, es importante utilizar las palabras clave de forma natural y no forzada. He aquí algunos consejos:

1. **Inserción natural**: las palabras clave deben integrarse de forma natural en el texto. Evite el relleno de palabras clave, que puede ser penalizador.

2. **Títulos y subtítulos**: Utilice palabras clave principales en los títulos (H1, H2, H3) para mejorar la relevancia y la legibilidad.

3. **Primeros párrafos**: Incluya palabras clave en los primeros párrafos del contenido para dar inmediatamente una idea clara del tema.
4. **Distribución**: distribuya las palabras clave uniformemente por todo el contenido. Utilice variantes y sinónimos para que el texto resulte natural e interesante.
5. **Metaetiquetas y URL**: Asegúrese de que las palabras clave están presentes en los meta títulos, meta descripciones y URL, como ya se ha comentado.

Para recapitular...

La optimización en la página web es un elemento crucial del SEO que requiere atención al detalle y un enfoque estratégico. La creación de contenidos de calidad, el uso eficaz de las metaetiquetas, la estructuración clara de las URL y la integración natural de las palabras clave son pasos clave para mejorar la clasificación de su sitio web en los resultados de búsqueda. Con una sólida estrategia de optimización on-page, puede aumentar la visibilidad de su sitio, atraer tráfico relevante y alcanzar sus objetivos de marketing digital.

OPTIMIZACIÓN TÉCNICA

La optimización técnica es un componente fundamental del SEO que se refiere a la optimización de varios aspectos del backend de un sitio web para mejorar su visibilidad y usabilidad. Este capítulo explorará la importancia de la velocidad del sitio, la optimización para dispositivos móviles, la implementación de HTTPS, la estructura del sitio y la navegación interna, y el uso de mapas de sitio XML y archivos robots.txt.

Importancia de la velocidad del sitio

La velocidad del sitio es importante para la experiencia del usuario y la clasificación en los motores de búsqueda. Un sitio lento puede aumentar la tasa de abandono y reducir las conversiones. Además, Google considera la velocidad del sitio como un factor de clasificación. Estos son algunos consejos para mejorar la velocidad del sitio:

1. **Optimización de** imágenes: reduzca el tamaño de las imágenes sin comprometer su calidad. Utiliza formatos de imagen modernos como WebP.
2. **Caché del navegador**: Implemente el almacenamiento en caché para reducir los tiempos de carga de las páginas para los visitantes que regresan.
3. **Reducción de código**: Minificar CSS, JavaScript y HTML para reducir el tamaño del archivo.
4. Alojamiento de **calidad**: Elija un alojamiento fiable y rápido para mejorar el rendimiento del sitio.

5. **Red de distribución de contenidos (CDN)**: utilice una CDN para distribuir contenidos en servidores cercanos a los visitantes, reduciendo así los tiempos de carga.

Optimización para dispositivos móviles

Con el creciente uso de dispositivos móviles para la navegación web, es esencial que el sitio esté optimizado para estos dispositivos. Google utiliza la indexación mobile-first, lo que significa que la versión móvil del sitio se considera la versión principal. A continuación se explica cómo optimizar para dispositivos móviles:

1. **Diseño adaptable**: asegúrese de que el sitio se adapta automáticamente a diferentes tamaños y resoluciones de pantalla.
2. **Velocidad de carga en móviles**: Optimice la velocidad del sitio específicamente para dispositivos móviles.
3. **Mobile-Friendly** Test: utilice herramientas como Google Mobile-Friendly Test para comprobar que el sitio está optimizado para dispositivos móviles.
4. **Navegación intuitiva**: asegúrese de que la navegación en dispositivos móviles sea sencilla e intuitiva, con menús claros y fácilmente accesibles.

Implantación de HTTPS

HTTPS es la versión segura de HTTP, que utiliza el protocolo SSL/TLS para cifrar los datos entre el navegador y el servidor. Google considera HTTPS un factor de clasificación y muestra una advertencia de "no seguro" para los sitios que no lo utilizan. Estos son los pasos para implementar HTTPS:

- **Adquiera** un certificado SSL: Adquiera un certificado SSL de un proveedor de confianza.
- **Instalar el certificado SSL**: Instale el certificado en el servidor de alojamiento.
- Redirecciones 301: Configure redirecciones 301 de versiones HTTP de páginas a versiones HTTPS.
- **Actualización de recursos**: Asegúrese de que todos los recursos (imágenes, scripts, CSS) se cargan a través de HTTPS.
- **Verificación de seguridad**: Utilice herramientas como SSL Labs para verificar que el sitio es completamente seguro.

Estructura del sitio y navegación interna

Una buena estructura del sitio y una navegación interna eficaz son esenciales para la experiencia del usuario y la indexación en los motores de búsqueda. Estos son algunos consejos para optimizar la estructura del sitio:

- **Arquitectura jerárquica**: Organice los contenidos en una estructura jerárquica con categorías y subcategorías claras.
- Menú de **navegación**: cree un menú de navegación intuitivo que permita a los usuarios encontrar fácilmente la información.
- **Enlaces internos**: utilice enlaces internos para conectar páginas relacionadas y mejorar el descubrimiento de contenidos por parte de los motores de búsqueda.

- Migas de pan: Implemente migas de pan para ayudar a los usuarios a saber dónde se encuentran dentro del sitio y facilitar la navegación.

Uso del mapa del sitio XML y del archivo robots.txt

Los mapas de sitio XML y los archivos robots.txt son herramientas esenciales para comunicarse con los motores de búsqueda y optimizar la indexación del sitio. A continuación te explicamos cómo utilizarlos eficazmente:

1. **Mapa del sitio XML**: Cree un mapa del sitio XML que enumere todas las páginas relevantes del sitio. Esto ayuda a los motores de búsqueda a descubrir e indexar todas las páginas relevantes. El mapa del sitio se puede generar con herramientas como Yoast SEO o Screaming Frog.
2. **Envío del mapa del sitio**: envíe el mapa del sitio XML a Google Search Console y a otras herramientas para webmasters para asegurarse de que los motores de búsqueda lo utilizan.
3. Archivo **Robots**.txt: utilice el archivo robots.txt para controlar qué partes de su sitio pueden escanear los motores de búsqueda. Por ejemplo, puedes bloquear carpetas o páginas irrelevantes.
4. Comprobación del archivo robots.txt: Compruebe que el archivo robots.txt no bloquea accidentalmente páginas importantes. Utilice herramientas como Google Search Console's Robots.txt Tester.

Para recapitular...

La optimización técnica es un componente crucial del SEO que requiere prestar atención a los detalles técnicos del sitio web. Mejorar la velocidad del sitio, optimizarlo para dispositivos móviles, implementar HTTPS, crear una estructura de sitio eficaz y utilizar correctamente los mapas de sitio XML y los archivos robots.txt son pasos clave para mejorar la clasificación en los motores de búsqueda y ofrecer una mejor experiencia al usuario. Con una optimización técnica bien ejecutada, el sitio será más rápido, seguro y fácil de navegar, lo que se traducirá en un aumento del tráfico y las conversiones.

Creación de backlinks

Los backlinks son uno de los pilares fundamentales del SEO off-page. Un backlink es un enlace de otro sitio web que apunta al suyo. Los motores de búsqueda, especialmente Google, consideran los backlinks como un signo de confianza y autoridad. En este capítulo, exploraremos qué son los backlinks y por qué son importantes, estrategias para obtener backlinks de calidad, guest blogging y difusión de contenidos, y análisis y monitorización de backlinks.

¿Qué es un backlink y por qué es importante?

Un backlink es un hipervínculo que proviene de un sitio web externo y apunta a una página de su sitio. Los backlinks son importantes por varias razones:

- **Autoridad del sitio**: Los motores de búsqueda consideran los backlinks como votos de confianza. Cuantos más backlinks de calidad recibas de sitios con autoridad, mayor será la percepción de tu autoridad.
- **Posicionamiento en buscadores**: Los backlinks contribuyen a un mejor posicionamiento en las SERPs (Search Engine Results Pages). Los sitios con muchos backlinks de calidad tienden a posicionarse mejor.
- **Tráfico de referencia**: Los backlinks pueden generar tráfico directo a su sitio. Cuando un usuario hace clic en un enlace que apunta a su sitio, se convierte en una visita de referencia.

- **Indexación**: Los backlinks ayudan a los motores de búsqueda a descubrir e indexar nuevas páginas. Un sitio con muchos backlinks será rastreado con más frecuencia por los motores de búsqueda.

Estrategias para obtener backlinks de calidad

Conseguir backlinks de calidad requiere estrategias específicas y esfuerzos continuos. Estas son algunas de las mejores prácticas para adquirir backlinks:

- **Crear contenidos de valor**: los contenidos de alta calidad atraen backlinks de forma natural. Las guías completas, los artículos en profundidad, las infografías y los contenidos originales tienden a ser compartidos y enlazados con más frecuencia.
- **Infografía**: Las infografías son visualmente atractivas y fáciles de compartir. Crear infografías informativas y ofrecerlas a blogs y sitios relevantes puede generar valiosos backlinks.
- **Petición de enlaces**: Póngase en contacto con los propietarios de sitios web relevantes y pídales que incluyan un enlace a su contenido. Es importante personalizar la solicitud y explicar el valor que tu contenido puede aportar a sus lectores.
- **Reseñas y menciones**: Ofrecer productos o servicios a cambio de reseñas puede generar backlinks. Además, supervisa las menciones de tu marca en Internet y pide que se conviertan en enlaces activos.

Blogs de invitados y difusión de contenidos

El guest blogging y la difusión de contenidos son dos estrategias eficaces para obtener backlinks de calidad.

1. *Guest Blogging*: Escribir artículos para otros blogs o sitios de su sector puede generar backlinks y aumentar su visibilidad. Aquí tienes algunos pasos para una estrategia eficaz de guest blogging:

   - **Identificación de sitios**: Busca blogs y sitios con autoridad en tu campo que acepten artículos de blogueros invitados.
   - **Propuesta de contenidos**: Contactar con propietarios de sitios web con propuestas de contenidos que sean relevantes y de valor para su audiencia.
   - **Creación de contenidos de calidad**: escriba artículos de alta calidad que satisfagan las necesidades de la audiencia del sitio anfitrión.
   - **Inclusión de enlaces**: Incluya backlinks a su sitio de forma natural dentro del contenido.

2. *Difusión* de contenidos: la difusión de contenidos implica ponerse en contacto con blogueros, periodistas y personas influyentes para promocionar sus contenidos. A continuación te explicamos cómo hacerlo con eficacia:

   - **Crear contenido relevante**: Cree contenido que sea de interés para los destinatarios de su difusión.

- **Identificar contactos**: Investiga e identifica a personas influyentes y sitios relevantes que puedan estar interesados en tus contenidos.
- **Correos electrónicos personalizados**: Envía correos electrónicos personalizados explicando por qué tu contenido podría ser útil para ellos y su audiencia.
- **Seguimiento**: Haga un seguimiento de los contactos que no respondan inmediatamente para aumentar las posibilidades de conseguir un enlace.

Análisis y seguimiento de backlinks

Supervisar y analizar los vínculos de retroceso es esencial para comprender la eficacia de sus estrategias y mantener un perfil de vínculos de retroceso saludable. He aquí cómo hacerlo:

1. **Herramientas de monitorización**: Utiliza herramientas como Ahrefs, SEMrush, Moz y Google Search Console para monitorizar los backlinks de tu sitio.
2. **Análisis de calidad**: evalúe la calidad de los vínculos de retroceso recibidos. Los backlinks de sitios con autoridad y relevantes son más valiosos.
3. **Identificación de enlaces tóxicos**: Detecte y desautorice los backlinks de baja calidad o spam que puedan dañar su posicionamiento.
4. **Seguimiento de la competencia**: análisis de los vínculos de retroceso de la competencia para

identificar oportunidades de creación de vínculos y estrategias eficaces.

Para recapitular...

La creación de backlinks es un componente clave del SEO fuera de la página. Los backlinks no sólo mejoran la clasificación en los motores de búsqueda, sino que también aumentan la autoridad del sitio y generan tráfico de referencia. Mediante estrategias como la creación de contenidos de calidad, los blogs de invitados, la difusión de contenidos y la supervisión continua, se puede crear un perfil de vínculos de retroceso sólido y saludable. Con una estrategia de creación de enlaces bien planificada, su sitio ganará en visibilidad, autoridad y éxito a largo plazo.

Utilización de las redes sociales para el SEO y el compromiso

Las redes sociales son la última incorporación al panorama del marketing digital y el SEO, ya que sólo existen desde principios de la década de 2000. En este artículo se analiza la influencia de las redes sociales en el SEO, las estrategias eficaces para compartir contenidos, cómo crear una comunidad en línea y el seguimiento de la participación en las redes sociales.

La influencia de las redes sociales en la SEO

Aunque las redes sociales no influyan directamente en las clasificaciones orgánicas de los motores de búsqueda como Google, desempeñan un papel importante en el apoyo a los objetivos de SEO. Estas son algunas de las formas en que las redes sociales pueden influir positivamente en el SEO:

1. **Mayor visibilidad de los contenidos**: Compartir contenidos de alta calidad en las redes sociales puede aumentar su visibilidad y generar más visitas al sitio web.

2. **Generación de backlinks**: Los contenidos viralizados en las redes sociales pueden enlazarse desde otros sitios, generando backlinks naturales que mejoran la autoridad del sitio.

3. **Notoriedad y reputación de la marca**: una fuerte presencia en los medios sociales puede aumentar el

reconocimiento de la marca y la confianza, lo que puede influir indirectamente en el tráfico y el comportamiento de los usuarios hacia el sitio.

4. **Indicios de participación**: la participación en las redes sociales (me gusta, compartir, comentarios) puede ser indicativa de la calidad y relevancia del contenido, aspectos que Google y otros motores de búsqueda tienen en cuenta a la hora de determinar las clasificaciones.

Estrategias para compartir contenidos en las redes sociales

Para maximizar el impacto de las redes sociales en el SEO, es crucial contar con estrategias eficaces de intercambio de contenidos:

1. Contenido **adaptado a la plataforma**: Adapte el contenido al formato y al público de cada plataforma social (Facebook, Instagram, Twitter, LinkedIn, etc.).

2. Frecuencia de **publicación**: Mantenga una frecuencia de publicación constante, equilibrando coherencia y calidad.

3. **Utilizar hashtags**: Utiliza hashtags relevantes para ampliar el alcance de los contenidos y llegar a nuevas audiencias.

4. **Participación del público**: Interacción con el público a través de respuestas a comentarios, encuestas, concursos y otras formas de participación.

5. **Promoción cruzada**: Promocionar contenidos en diferentes canales sociales para llegar a un público más amplio.

Crear una comunidad en línea

Crear una comunidad online sólida es un paso importante y necesario para el éxito a largo plazo en las redes sociales y más allá. He aquí algunos pasos para lograrlo:

1. **Identifique a su público objetivo**: Comprenda quiénes son sus seguidores ideales y qué les interesa.

2. **Cree contenidos relevantes**: Ofrezca contenidos que respondan a las necesidades e intereses de su comunidad.

3. **Fomentar la interacción**: estimular el diálogo y el intercambio de experiencias entre los miembros de la comunidad.

4. **Coherencia y autenticidad**: Sea coherente en el tono y el enfoque de comunicación, manteniendo una imagen auténtica y transparente.

5. **Responder a los comentarios**: tener en cuenta las opiniones y sugerencias de la comunidad para mejorar continuamente.

Seguimiento de la participación en las redes sociales

Supervisar la participación en las redes sociales es esencial para evaluar la eficacia de tus estrategias y hacer correcciones si es necesario. He aquí cómo hacerlo:

1. **Medidas de participación**: controle los "me gusta", "compartir", "comentarios" y otras interacciones con su contenido.

2. **Análisis de métricas**: utilice herramientas analíticas integradas o externas para medir la participación y obtener información útil.

3. **Identificación de** tendencias: Identificar las tendencias y contenidos de mayor interés para replicarlos o adaptarlos en el futuro.

4. **Evaluar las conversiones**: Vincule la participación en las redes sociales con las conversiones del sitio web para comprender el impacto real en el SEO y los objetivos empresariales.

5. **Respuesta y adaptación**: Responder con prontitud a los comentarios e interacciones, adaptando las estrategias en función de los resultados obtenidos.

Para recapitular...

Las redes sociales son un poderoso recurso para mejorar la visibilidad en línea, la participación de los usuarios e, indirectamente, el posicionamiento SEO. Mediante el uso de estrategias para compartir contenidos específicos, la creación de una comunidad en línea sólida y la supervisión eficaz de la participación, se puede maximizar el impacto de las redes sociales en el rendimiento general del sitio web. Invertir tiempo y recursos en la gestión de las redes sociales no solo le ayudará a mejorar su presencia en línea, sino también a consolidar la reputación de su marca y alcanzar objetivos empresariales a largo plazo.

Experiencia de usuario (UX) y SEO

La experiencia del usuario (UX) en SEO influye directamente en el comportamiento del usuario y en la clasificación en los motores de búsqueda. Este capítulo explorará la importancia de la UX para el SEO, el diseño intuitivo y la facilidad de navegación, la optimización para la velocidad de carga y la importancia de las pruebas y mejoras continuas de la UX.

Importancia de la UX para el SEO

La experiencia de usuario se refiere a la calidad general de la interacción de los usuarios con un sitio web. Una buena experiencia de usuario no sólo mejora el compromiso de los usuarios, sino que también puede influir positivamente en la clasificación de los motores de búsqueda. Así es como la UX influye en el SEO:

1. **Baja tasa de rebote**: Un sitio con una experiencia de usuario positiva tiende a reducir la tasa de rebote, lo que indica a los algoritmos de los motores de búsqueda que el contenido es relevante y cumple las expectativas del usuario.

2. **Tiempo de permanencia**: una experiencia de usuario optimizada puede aumentar el tiempo que los usuarios pasan en el sitio, otra señal positiva para los motores de búsqueda de que el contenido es interesante y útil.

3. **Facilidad de navegación**: Una estructura de navegación intuitiva facilita que los usuarios encuentren lo que buscan, mejorando la experiencia y reduciendo la tasa de abandono.

4. **Comentarios positivos**: los usuarios satisfechos tienden a compartir contenidos y crear enlaces, lo que contribuye indirectamente al SEO fuera de página.

Diseño intuitivo y navegación sencilla

Un diseño intuitivo y una navegación sencilla son los pilares de una UX eficaz. He aquí algunos principios para mejorar la UX a través del diseño y la navegación:

1. **Claridad y coherencia**: Mantenga un diseño coherente en todo el sitio, con un diseño limpio y fácil de navegar.

2. **Estructura de navegación**: utilice menús claros e intuitivos que guíen a los usuarios por el sitio sin confusiones.

3. **Usabilidad móvil**: asegúrese de que el sitio es totalmente receptivo y ofrece una experiencia de usuario óptima en todos los dispositivos, incluidos teléfonos inteligentes y tabletas.

4. **Minimizar los clics**: reducir el número de clics necesarios para llegar a la información deseada, simplificando el recorrido del usuario.

5. **Llamadas a la acción eficaces**: utilice llamadas a la acción bien situadas y claramente visibles para

guiar a los usuarios hacia las acciones deseadas (por ejemplo, compras, registros, contactos).

Optimización de la velocidad de carga

La velocidad de carga del sitio es otro aspecto crucial de la UX que afecta directamente al SEO. Por eso es importante:

1. **Impacto en la experiencia del usuario**: Los sitios rápidos ofrecen una mejor experiencia de usuario, reduciendo el tiempo de espera y mejorando la satisfacción general.

2. **Factor** de **clasificación**: Google considera la velocidad del sitio como un factor de clasificación. Los sitios rápidos tienden a posicionarse mejor en los resultados de búsqueda.

3. **Tasas de conversión**: un sitio lento puede aumentar las tasas de abandono y reducir las conversiones. Una mejora de la velocidad puede conducir a mejores resultados en términos de conversiones.

Pruebas y mejoras continuas de la experiencia del usuario

La mejora continua de la UX es esencial para adaptarse a las necesidades cambiantes de los usuarios y maximizar el potencial del sitio web. He aquí cómo probar y mejorar la UX:

1. **Análisis de datos**: Utilice herramientas analíticas como Google Analytics para supervisar el

comportamiento de los usuarios e identificar áreas de mejora.

2. Pruebas **A/B**: Realice pruebas A/B para comparar diferentes versiones de páginas y determinar cuál ofrece una mejor experiencia al usuario.

3. **Opiniones de los usuarios**: Recoger opiniones directas de los usuarios a través de encuestas, entrevistas o análisis del comportamiento en el sitio.

4. **Optimización basada en datos**: Utilice los datos recopilados para introducir mejoras graduales, como cambios en el diseño, la navegación o el contenido.

5. Supervisión **constante**: siga supervisando las métricas de UX y realice ajustes periódicos para garantizar una experiencia de usuario óptima a lo largo del tiempo.

Conclusión

La experiencia del usuario es un elemento clave para el éxito del SEO. Un sitio web con una experiencia de usuario bien diseñada no sólo mejora la clasificación en los motores de búsqueda, sino que también aumenta la participación de los usuarios, las conversiones y la reputación de la marca. Invertir en un diseño intuitivo, una navegación sencilla, una velocidad de carga optimizada y mejoras continuas de la experiencia del usuario es esencial para mantener una ventaja competitiva en Internet. Con una estrategia de UX bien planificada, el sitio no sólo atrae a más visitantes, sino que los convierte en clientes fieles y satisfechos.

SEO local: la última frontera del SEO

El SEO local es crucial para las empresas que desean atraer clientes locales a través de los motores de búsqueda. Este capítulo explorará lo que significa hacer SEO local, la importancia de la optimización en Google My Business, la recopilación y gestión de reseñas y las estrategias eficaces para las empresas locales.

Entender el SEO local

El SEO local se centra en la optimización del sitio web para obtener resultados de búsqueda geográficamente relevantes. Es especialmente importante para las empresas con presencia física o que ofrecen servicios en una zona geográfica específica. Entre los principales objetivos del SEO local se incluyen:

- **Aumentar la visibilidad local**: aparecer en las primeras posiciones de los resultados de búsqueda cuando los usuarios busquen productos o servicios locales.

- **Atracción de clientes locales**: Dirigir el tráfico web hacia el sitio web desde usuarios que se encuentran físicamente cerca de la empresa.

- **Aumentar las ventas offline**: Facilitar la conversión del tráfico web en ventas o visitas físicas a la empresa.

Optimización de Google My Business

Google My Business (GMB) es una herramienta crucial para la optimización SEO local. A continuación te explicamos cómo utilizarla eficazmente:

1. **Creación y actualización del perfil**: asegúrese de que toda la información sobre la empresa es completa y exacta, incluida la dirección, el número de teléfono, el horario de apertura y las categorías de la empresa.

2. **Gestión de reseñas**: Supervise y responda a las reseñas de los clientes en el momento oportuno, tanto positivas como negativas, para mejorar la reputación en línea de la empresa.

3. **Inclusión de fotos y vídeos**: Sube fotos y vídeos de alta calidad que muestren el interior y el exterior de la empresa, los productos ofrecidos y el equipo.

4. **Publicación**: utilice la función de publicación de Google My Business para compartir actualizaciones, promociones y eventos con su público local.

5. Análisis **del rendimiento**: supervise los análisis de Google My Business para comprender cómo interactúan los usuarios con el perfil y realizar mejoras basadas en datos.

Recogida y gestión de revisiones

Las opiniones de los clientes desempeñan un papel crucial en el SEO local y la reputación de la empresa. A continuación te explicamos cómo gestionarlas eficazmente:

1. **Fomente las opiniones**: Pida a los clientes satisfechos que dejen una reseña en Google, Yelp u otras plataformas relevantes.

2. **Responder a las críticas**: agradezca las críticas positivas y responda rápidamente a las negativas para resolver cualquier problema.

3. **Supervise las reseñas**: Utiliza las herramientas de seguimiento de reseñas para estar informado cada vez que se publique una nueva reseña.

4. **Utilice las opiniones para mejorar**: Utilice las opiniones de los clientes para mejorar los productos, los servicios y la experiencia general del cliente.

Estrategias para las actividades locales

Las estrategias empresariales locales pretenden mejorar la visibilidad y el atractivo de la empresa en su comunidad local. He aquí algunos enfoques eficaces:

1. **SEO local en la página**: Incluya el nombre de la ciudad o región en los títulos de las páginas, las meta descripciones y el contenido para indicar la relevancia geográfica.

2. **Creación de contenidos locales**: escriba contenidos que sean relevantes para la comunidad local, como artículos sobre eventos locales, noticias de la comunidad o historias de éxito locales.

3. **Backlinks locales**: Consigue backlinks de sitios locales con autoridad, como cámaras de comercio locales, asociaciones sectoriales o blogs locales.

4. **Implicación en la comunidad**: participar activamente en eventos locales, patrocinar organizaciones locales y colaborar con otras empresas locales para aumentar la visibilidad.

5. **Móvil y localización**: asegúrese de que el sitio web está totalmente optimizado para dispositivos móviles, ya que muchos usuarios locales buscan información en teléfonos inteligentes o tabletas.

Conclusión

El SEO local es esencial para las empresas que desean aprovechar el mercado local y atraer a clientes relevantes a través de los motores de búsqueda. La optimización de Google My Business, la gestión de las opiniones de los clientes, la aplicación de estrategias locales y la mejora constante de la visibilidad local son tácticas clave para el éxito del SEO local. Invertir en SEO local no solo mejora la visibilidad en línea, sino que también puede aumentar el tráfico cualificado, las conversiones y el crecimiento a largo plazo de la empresa en su zona de operaciones.

Seguimiento y análisis para un SEO eficaz

La supervisión y el análisis son fundamentales para evaluar la eficacia de las estrategias de SEO y realizar mejoras continuas. Este capítulo explorará la importancia de las herramientas de análisis SEO, la supervisión del tráfico y el rendimiento del sitio, el análisis de palabras clave y contenidos, y el uso de Google Analytics y Google Search Console para optimizar la presencia online.

Herramientas de análisis SEO

Utilizar las herramientas de análisis SEO adecuadas es esencial para comprender cómo se posiciona su sitio web en los motores de búsqueda e identificar oportunidades de mejora. Estas son algunas herramientas clave:

1. **Google Analytics**: Proporciona datos detallados sobre el tráfico del sitio, la participación de los usuarios, las fuentes de tráfico y las conversiones. Es esencial para supervisar el rendimiento general del sitio e identificar los puntos fuertes y débiles.

2. **Google Search Console**: proporciona información sobre el rendimiento de búsqueda del sitio, como la indexación de páginas, las consultas de búsqueda para las que aparece el sitio, los problemas de seguridad y mucho más. Resulta útil para supervisar la apariencia y la clasificación del sitio en los resultados de búsqueda.

3. **Ahrefs**: Herramienta integral para el análisis de backlinks, análisis de palabras clave, análisis

competitivo y mucho más. Útil para identificar estrategias efectivas de construcción de enlaces y monitorizar la posición de palabras clave.

4. **Moz Pro**: Ofrece métricas de autoridad de dominio, análisis de palabras clave, monitorización de backlinks y mucho más. Ayuda a supervisar y mejorar la clasificación orgánica.

5. **SEMrush**: Herramienta todo en uno para la investigación de palabras clave, análisis de la competencia, auditoría SEO, publicidad online y mucho más. Es ideal para obtener una visión global del rendimiento SEO.

Supervisión del tráfico y el rendimiento del sitio

Supervisar el tráfico y el rendimiento del sitio web proporciona información valiosa para mejorar la experiencia del usuario y optimizar las conversiones. Esto es lo que hay que controlar:

1. **Visitas y** usuarios únicos: controle el número de visitas al sitio y el número de usuarios únicos para comprender la tendencia general del tráfico.

2. **Tiempo de permanencia**: mida cuánto tiempo pasan los usuarios en el sitio para evaluar la participación y el interés por el contenido.

3. Tasa de rebote: Compruebe la tasa de rebote para ver cuántas personas abandonan el sitio después de visitar una sola página. Una tasa de rebote alta

puede indicar problemas de usabilidad o de contenido.

4. **Conversiones**: Realice un seguimiento de las conversiones, que pueden ser compras, suscripciones, descargas u otras acciones deseadas, para evaluar la eficacia de las llamadas a la acción y las páginas de destino.

5. **Páginas más visitadas**: Identifique las páginas más visitadas para comprender qué temas o productos interesan más a los usuarios.

Análisis de palabras clave y contenidos

El análisis de palabras clave y contenidos es crucial para optimizar el posicionamiento en buscadores y atraer tráfico relevante. He aquí cómo hacerlo:

1. **Búsqueda de palabras clave**: Utilice herramientas como Google Keyword Planner, Ahrefs, SEMrush u otras para identificar palabras clave relevantes para su sector y ubicación.

2. **Seguimiento de las posiciones de las palabras clave**: realice un seguimiento de las posiciones de las palabras clave para controlar los progresos e identificar oportunidades de mejora.

3. **Auditoría de contenidos**: evalúe periódicamente la calidad y pertinencia de los contenidos. Actualice los contenidos existentes para mantener su pertinencia y cree otros nuevos para cubrir temas emergentes.

4. **Competencia**: analizar las estrategias de contenidos de la competencia para detectar oportunidades sin explotar y mejorar las propias.

Uso de Google Analytics y Google Search Console

Google Analytics y Google Search Console son herramientas gratuitas proporcionadas por Google y son cruciales para supervisar y mejorar el rendimiento SEO. A continuación te explicamos cómo utilizarlas eficazmente:

1. **Google Analytics**:

   - Supervise métricas clave como el tráfico, las conversiones, el comportamiento de los usuarios y mucho más.
   - Identificar páginas de entrada, páginas de salida y rutas de navegación del usuario para optimizar su experiencia.
   - Utilice segmentos para analizar grupos de usuarios y comportamientos específicos.

2. **Consola de búsqueda de Google**:

   - Verifique la propiedad del sitio y supervise la indexación de páginas por parte de Google.
   - Analizar las consultas de búsqueda para las que apareció el sitio, las impresiones y el CTR (porcentaje de clics).
   - Identificar y resolver cualquier problema de indexación o seguridad.

Para recapitular...

La supervisión y el análisis son cruciales para el éxito del SEO. El uso de las herramientas adecuadas, como Google Analytics, Google Search Console y otras plataformas de análisis SEO, permite obtener información detallada sobre el rendimiento del sitio web, las tendencias de las palabras clave y la participación de los usuarios. Estos datos permiten identificar oportunidades de optimización, mejorar la clasificación en los motores de búsqueda y ofrecer una experiencia de usuario superior. Invertir en la supervisión y el análisis continuos es esencial para mantener una ventaja competitiva y alcanzar los objetivos empresariales a largo plazo a través del SEO.

SEO para comercio electrónico

El SEO para sitios de comercio electrónico es fundamental para aumentar la visibilidad en línea, atraer tráfico cualificado y aumentar las ventas. Este capítulo explorará los aspectos específicos del SEO para sitios de comercio electrónico, la optimización de la ficha de producto, el SEO para categorías de productos y las estrategias eficaces para aumentar las tasas de conversión.

Especificidades del SEO para sitios de comercio electrónico

El SEO para sitios web de comercio electrónico presenta retos únicos en comparación con otros tipos de sitios web. Las consideraciones clave incluyen:

- **Amplia gama de productos**: la gestión de un gran número de páginas y categorías de productos requiere una organización y optimización cuidadosas.

- **Contenido dinámico**: los productos pueden añadirse, modificarse o eliminarse con frecuencia, por lo que la automatización y la eficacia de los procesos de SEO resultan cruciales.

- **Competencia en línea**: El sector del comercio electrónico es muy competitivo, con numerosos competidores que intentan posicionarse para las mismas palabras clave y categorías de productos.

- **Necesidades de conversión**: además del tráfico orgánico, es crucial optimizar el sitio para maximizar las conversiones, por ejemplo optimizando la experiencia del usuario y las llamadas a la acción.

Optimización de las fichas de producto

Las fichas de producto son la columna vertebral de un sitio de comercio electrónico y deben optimizarse para atraer tráfico y convertir a los visitantes en clientes. He aquí cómo hacerlo:

1. **Descripciones detalladas**: escriba descripciones únicas, detalladas y pertinentes que incluyan palabras clave relevantes e información útil para los compradores potenciales.

2. **Imágenes de alta calidad**: utilice imágenes de alta calidad que muestren el producto desde distintos ángulos y en situaciones de uso, si es posible.

3. **Palabras clave**: Incluya palabras clave relevantes en el título del producto, las descripciones y las etiquetas alt de las imágenes para mejorar la clasificación en los motores de búsqueda.

4. **Opiniones de clientes**: Las opiniones de los clientes no solo aumentan la credibilidad del producto, sino que también pueden mejorar el posicionamiento SEO gracias al contenido generado por los usuarios.

5. **Estructura de URL**: Utilice URL optimizadas que incluyan el nombre del producto y la categoría para mejorar la comprensibilidad y la clasificación.

SEO para categorías de productos

Las páginas de categorías de productos son cruciales para organizar y presentar los productos de forma clara y adaptada a los motores de búsqueda. He aquí cómo optimizarlas:

1. **Estructura jerárquica**: utilice una estructura jerárquica lógica y clara para las categorías, subcategorías y productos.

2. **Contenido único**: Asegúrese de que cada categoría tenga una descripción única y relevante que incluya las palabras clave pertinentes.

3. Navegación **intuitiva**: cree una experiencia de navegación fluida con menús claros y filtros de búsqueda que permitan a los usuarios encontrar fácilmente lo que buscan.

4. **Enlaces cruzados**: utilice enlaces internos para enlazar páginas de categorías de productos entre sí y con productos relacionados para mejorar la experiencia del usuario y la indexación.

5. **Optimización de imágenes**: Optimice las imágenes de las categorías de productos con etiquetas alt descriptivas y relevantes.

Estrategias para aumentar la tasa de conversión

Además del SEO, es crucial aplicar estrategias para aumentar la tasa de conversión en los sitios de comercio electrónico. He aquí algunas estrategias eficaces:

1. **Reseñas y testimonios**: utilice reseñas y testimonios de clientes para aumentar la confianza de los compradores e influir en sus decisiones de compra.

2. **Llamada a la acción (CTA) clara**: utilice CTA claras y bien situadas para guiar a los usuarios hacia la compra u otras acciones deseadas.

3. **Ofertas y promociones**: Utilice ofertas especiales, descuentos y promociones para incentivar las compras y aumentar la sensación de urgencia.

4. **Experiencia de usuario optimizada**: asegúrese de que el proceso de compra sea sencillo e intuitivo, con sólo unos pocos pasos entre la selección del producto y la finalización del pedido.

5. **Testimonios visuales**: utilice vídeos, imágenes y otros contenidos visuales que muestren productos en acción para aumentar el interés y la comprensión.

Para recapitular...

El SEO para el comercio electrónico es esencial para aumentar la visibilidad, el tráfico y las ventas online. Optimizar las fichas de productos, las categorías de productos y aplicar estrategias para mejorar las tasas de conversión son pasos clave para el éxito. Invertir en SEO para el comercio electrónico no sólo mejora la clasificación en los motores de búsqueda, sino que también aumenta el atractivo y la confianza de los consumidores, mejorando así el rendimiento general del comercio electrónico. Siguiendo las mejores prácticas y supervisando constantemente el rendimiento, las empresas pueden posicionarse con éxito en el competitivo mercado del comercio electrónico.

Contenido multimedia: mejorar el SEO con imágenes, vídeos e infografías

El contenido multimedia desempeña un papel crucial en el SEO moderno, ya que mejora la experiencia del usuario y aumenta la participación en el sitio web. Este capítulo explorará la optimización de las imágenes, el uso del vídeo para el SEO, la implementación de infografías y el impacto general del contenido multimedia en el SEO.

Optimización de imágenes

Las imágenes no sólo hacen que el contenido sea más atractivo visualmente, sino que también pueden mejorar el SEO si se optimizan correctamente. He aquí algunas prácticas clave:

- **Tamaño y compresión**: suba imágenes con tamaños optimizados para la web y comprímalas para reducir el tiempo de carga de la página.

- **Texto alternativo (ALT)**: utilice etiquetas ALT descriptivas que incluyan palabras clave relevantes para ayudar a los motores de búsqueda a entender de qué trata la imagen.

- **Nombre del archivo**: Nombra los archivos de imagen de forma significativa, utilizando palabras clave cuando sea apropiado (por ejemplo, 'shoes-running-nike.jpg' en lugar de 'img123.jpg').

- **Formato adecuado**: utilice formatos de imagen aptos para la web, como JPEG para fotografías y PNG para imágenes con fondo transparente.

Utilizar vídeos para SEO

Los vídeos son uno de los contenidos más potentes para atraer a los usuarios y mejorar el SEO. A continuación te explicamos cómo integrarlos de forma eficaz:

1. **Crear vídeos optimizados**: Produzca vídeos de alta calidad que sean relevantes para el tema del sitio web e incluya palabras clave en el título, la descripción y las etiquetas.

2. **Incrustación y alojamiento**: Sube vídeos a plataformas populares como YouTube e incrústalos en páginas web. Esto no solo mejora la experiencia del usuario, sino que también puede aumentar la visibilidad en las búsquedas de vídeos de Google.

3. **Subtítulos y transcripciones**: Añade subtítulos y proporciona una transcripción de texto del vídeo para mejorar la accesibilidad y ayudar a los motores de búsqueda a entender el contenido del vídeo.

4. **SEO de vídeo**: Optimice las páginas de vídeo con títulos descriptivos, descripciones detalladas, etiquetas pertinentes y miniaturas llamativas para maximizar la visibilidad.

5. **Promoción y difusión**: promocione los vídeos a través de las redes sociales, el marketing por correo

electrónico y otras plataformas para aumentar las visitas y la participación.

Realización de infografías

Las infografías combinan información visual y textual para comunicar conceptos complejos de forma clara y atractiva. He aquí cómo pueden mejorar el SEO:

1. **Diseño claro y atractivo**: Cree infografías visualmente atractivas que sean fáciles de entender y compartir.

2. **Contenido informativo**: Proporcionar información útil y pertinente para el público destinatario.

3. **Optimización SEO**: utilice palabras clave relevantes en el título, la descripción y los metadatos de la infografía para mejorar la clasificación en los motores de búsqueda.

4. **Incrustar y compartir**: Permite a los usuarios incrustar fácilmente infografías en sus sitios web o blogs, aumentando así la visibilidad y el tráfico.

5. **Promoción**: Promocione las infografías a través de las redes sociales, el marketing por correo electrónico y otros canales para aumentar su difusión y participación.

Impacto de los contenidos multimedia en el SEO

Los contenidos multimedia no sólo mejoran la experiencia del usuario, sino que también tienen un impacto directo en el SEO. He aquí cómo:

- **Mayor compromiso**: los contenidos visuales e interactivos, como imágenes, vídeos e infografías, aumentan el compromiso de los usuarios, reducen la tasa de rebote y aumentan el tiempo de permanencia en el sitio.

- **Mayor compartición y backlinks**: Los contenidos multimedia de alta calidad tienen más probabilidades de ser compartidos en redes sociales y sitios web, lo que genera backlinks naturales que mejoran la autoridad del sitio.

- **Mejora de la experiencia del usuario**: Un sitio web que ofrece contenidos multimedia bien integrados crea una experiencia de usuario positiva, lo que a su vez puede mejorar la clasificación en los motores de búsqueda.

- **Diversificación de contenidos**: el uso de varios tipos de contenidos (textuales, visuales, sonoros) ayuda a satisfacer las preferencias de consumo de los distintos usuarios, aumentando el alcance global del SEO.

- **Reducción de la tasa de abandono**: Los contenidos multimedia de alta calidad pueden reducir la tasa de abandono del sitio, mejorando así las métricas SEO como el tiempo de permanencia y la tasa de rebote.Conclusión

El uso estratégico de imágenes, vídeos e infografías puede transformar el SEO de un sitio web, mejorando significativamente la participación de los usuarios, la visibilidad en línea y la autoridad del sitio. Optimizar este contenido para las palabras clave relevantes, integrarlo en la estrategia general de SEO y supervisar las métricas de rendimiento son pasos cruciales para aprovechar todo el potencial del contenido multimedia. Invertir en la creación y optimización de contenidos multimedia de alta calidad no sólo mejora el SEO, sino también la experiencia del usuario, lo que redunda en beneficios a largo plazo para el éxito en línea de un sitio web.

SEO y marketing de contenidos: una sinergia ganadora

La sinergia entre SEO y marketing de contenidos es un pilar fundamental para el éxito online de cualquier negocio. Este capítulo explorará cómo integrar eficazmente estas dos disciplinas, planificar una estrategia de contenidos efectiva, crear contenidos perennes y promocionarlos para maximizar el impacto SEO.

Sinergia entre SEO y marketing de contenidos

El SEO y el marketing de contenidos están estrechamente interconectados y se apoyan mutuamente para alcanzar objetivos comunes:

- **El SEO como guía estratégica**: el SEO proporciona indicaciones precisas sobre lo que buscan los usuarios y cómo optimizar los contenidos para satisfacer esas necesidades.

- **Marketing de contenidos para la creación de valor**: El marketing de contenidos se centra en la creación de contenidos relevantes, útiles y de alta calidad que respondan a las preguntas y necesidades de los usuarios.

- **Integración de** palabras clave: la integración estratégica de palabras clave en la creación de contenidos mejora la clasificación en los motores de búsqueda, aumentando así la visibilidad orgánica.

Planificar una estrategia de contenidos

Una planificación detallada es esencial para el éxito del marketing de contenidos orientado al SEO:

1. **Análisis del público objetivo**: Comprenda quiénes son sus clientes ideales, cuáles son sus problemas y cómo puede ayudarles su contenido.

2. **Búsqueda de palabras clave**: identifique las palabras clave relevantes para su sector y utilícelas para orientar la creación de contenidos.

3. **Objetivos claros**: Defina objetivos específicos para cada pieza de contenido, que pueden incluir la mejora de la clasificación SEO, el aumento del tráfico orgánico o el incremento de las conversiones.

4. Calendario editorial: cree un calendario editorial para planificar la publicación de contenidos en función de los acontecimientos estacionales, las tendencias del mercado y los objetivos de marketing.

Creación de contenidos perennes

El contenido evergreen es aquel que mantiene su relevancia a lo largo del tiempo y sigue generando tráfico orgánico a largo plazo:

1. **Céntrese en** temas **perennes**: elija temas y materias que no se queden obsoletos rápidamente, como guías detalladas, tutoriales paso a paso y recursos educativos.

2. **En profundidad y exhaustivos**: Ofrezca contenidos en profundidad y exhaustivos que respondan plenamente a las preguntas de los usuarios y superen a la competencia.

3. Actualizaciones perió**dicas**: mantenga al día los contenidos perennes con información fresca y relevante para seguir aportando valor a los usuarios y mantener el posicionamiento SEO.

Distribución y promoción de contenidos

La promoción eficaz de los contenidos es esencial para maximizar su impacto y visibilidad:

1. **Redes sociales**: Comparta contenidos a través de los canales sociales para llegar a un público más amplio y generar backlinks naturales.

2. Marketing por correo electrónico: utilice el marketing por correo electrónico para promocionar nuevos contenidos entre los suscriptores y mantenerlos informados de los recursos más recientes.

3. **Colaboraciones y personas** influyentes: Colabora con personas influyentes del sector para ampliar el alcance de los contenidos y aumentar la autoridad.

4. **SEO en la página**: Optimice el contenido con etiquetas META, una estructura de URL apta para SEO y palabras clave estratégicas para mejorar la clasificación en los motores de búsqueda.

Para recapitular...

La integración eficaz del SEO y el marketing de contenidos no sólo mejora la clasificación en los motores de búsqueda, sino que también aumenta la participación de los usuarios y las conversiones. La planificación de una estrategia de contenidos basada en la investigación de palabras clave, la creación de contenidos perennes de alta calidad y su promoción a través de diversos canales son cruciales para el éxito a largo plazo. Invertir en marketing de contenidos orientado al SEO no sólo aumenta la visibilidad en línea, sino que también establece la autoridad de la marca y la fiabilidad en su sector. Con una estrategia bien definida y una aplicación diligente, las empresas pueden alcanzar y superar con éxito sus objetivos de marketing online.

Herramientas SEO esenciales: impulse su estrategia con los recursos adecuados

El uso de herramientas SEO es crucial para supervisar, analizar y optimizar el rendimiento de su sitio web en los motores de búsqueda. Este capítulo ofrece una visión general de las mejores herramientas SEO disponibles, su uso práctico para mejorar tu estrategia digital y cómo pueden ayudarte con el análisis de palabras clave y backlinks.

Resumen de las mejores herramientas SEO

Hay numerosas herramientas SEO disponibles, cada una con funcionalidades únicas para satisfacer diferentes necesidades. He aquí algunas de las más utilizadas y apreciadas en el sector:

- **Google Analytics**: Herramienta gratuita para controlar el tráfico web, las fuentes de tráfico y el comportamiento de los usuarios en el sitio.

- **Google Search Console**: proporciona datos sobre la visibilidad del sitio web en los resultados de búsqueda de Google, sugerencias para solucionar problemas técnicos y análisis de rendimiento.

- **Ahrefs**: Se utiliza para el análisis de backlinks, la investigación de palabras clave, el seguimiento del posicionamiento en buscadores y el análisis de la competencia.

- **SEMrush**: Proporciona datos detallados sobre palabras clave, tráfico orgánico, backlinks, auditorías SEO y análisis de la competencia.

- **Moz Pro**: Incluye herramientas para la búsqueda de palabras clave, auditoría SEO, seguimiento de rankings y análisis de backlinks.

- **SEOptimer**: Ofrece auditorías SEO completas, seguimiento de palabras clave, informes de rendimiento del sitio y análisis de la competencia.

- **SpyFu**: Herramienta para el análisis de la competencia, la investigación de palabras clave y la supervisión del rendimiento SEO y PPC.

Uso práctico de las herramientas

Las herramientas SEO pueden utilizarse de varias formas para optimizar su sitio web y mejorar el rendimiento SEO:

1. **Análisis de palabras clave**: utilice herramientas como Ahrefs, SEMrush o Google Keyword Planner para identificar palabras clave relevantes para su sector, evaluar el volumen de búsqueda y la intensidad de la competencia.

2. **Seguimiento de posiciones**: realiza un seguimiento de las posiciones de tu sitio web para las palabras clave objetivo y controla las fluctuaciones en los resultados de búsqueda utilizando herramientas como SEMrush, Moz Pro o SEOptimer.

3. **Análisis de backlinks**: Utilice herramientas como Ahrefs o Moz Pro para analizar los backlinks entrantes, evaluar la calidad de los backlinks e identificar oportunidades para adquirir nuevos backlinks de calidad.

4. **Auditorías SEO**: Realice auditorías SEO periódicas para identificar problemas técnicos, como errores de rastreo, problemas de estructura de URL o problemas de velocidad del sitio, utilizando herramientas como SEOptimer o SEMrush.

Herramientas de análisis y seguimiento

- **Google Analytics**: Supervise el tráfico web, la participación de los usuarios y las conversiones.

- **Google Search Console**: proporciona datos detallados sobre el rendimiento de las búsquedas, sugerencias de optimización y solución de problemas técnicos.

- **Ahrefs**: Analiza los vínculos de retroceso de los sitios web, supervisa el posicionamiento de las palabras clave y las tendencias del tráfico orgánico.

- **SEMrush**: Ofrece informes detallados sobre palabras clave, análisis de la competencia, auditorías SEO y seguimiento de clasificaciones.

Herramientas de búsqueda de palabras clave y backlinks

- **Ahrefs**: Investigación de palabras clave, análisis de backlinks, seguimiento de posiciones e informes detallados sobre la competencia.

- **SEMrush**: Análisis de palabras clave, seguimiento de posiciones, auditorías SEO e investigación de palabras clave competitivas.

- **Moz Pro**: búsqueda de palabras clave, seguimiento de posiciones, análisis de backlinks y auditorías SEO.

- **Google Keyword Planner**: herramienta gratuita de Google para encontrar y analizar palabras clave para campañas publicitarias.

Para recapitular...

Las herramientas SEO son esenciales para mejorar la visibilidad, el tráfico y el rendimiento general de su sitio web en los motores de búsqueda. Utilizando las herramientas adecuadas, puede obtener datos valiosos, identificar oportunidades de mejora y supervisar constantemente sus estrategias de SEO. Invertir en herramientas SEO eficaces no sólo optimiza su tiempo y sus recursos, sino que también aumenta sus posibilidades de éxito en el competitivo panorama digital actual. Aproveche al máximo el potencial de las herramientas SEO para posicionarse en los primeros puestos de los resultados de búsqueda y mantener una ventaja competitiva a largo plazo.

Conclusiones y perspectivas de futuro en SEO

El SEO es un campo en evolución que resulta crucial para el éxito en línea de cualquier empresa. Este capítulo resumirá los conceptos clave tratados en nuestro viaje por los diferentes aspectos del SEO, explorará las perspectivas de futuro de esta disciplina y ofrecerá consejos sobre cómo mantenerse al día en el dinámico mundo del SEO.

Resumen de conceptos clave

Durante nuestro recorrido por los distintos capítulos, exploramos:

- **Qué es el SEO**: El SEO es el conjunto de prácticas destinadas a mejorar la visibilidad de un sitio web en los resultados de búsqueda orgánicos.

- **Importancia del SEO en el marketing digital**: el SEO es crucial para atraer tráfico cualificado, mejorar la experiencia del usuario y aumentar las conversiones.

- **Evolución de los algoritmos de Google**: Google actualiza periódicamente sus algoritmos para mejorar la relevancia de los resultados de búsqueda y la experiencia del usuario.

- **Objetivos y expectativas realistas**: es importante fijar objetivos claros, supervisar el rendimiento y adaptar continuamente las estrategias para lograr resultados sostenibles en el tiempo.

- **Estrategias avanzadas de** SEO: desde la búsqueda de palabras clave hasta la optimización técnica, pasando por la creación de backlinks y la gestión de redes sociales, todos los aspectos contribuyen al éxito general del SEO.

Perspectivas futuras de la SEO

El futuro del SEO está llamado a seguir evolucionando, con algunas tendencias clave que podemos anticipar:

- **Inteligencia artificial y aprendizaje automático**: Google seguirá integrando tecnologías como BERT para mejorar la comprensión del lenguaje natural y ofrecer resultados de búsqueda más relevantes.

- **Búsqueda semántica y por voz**: con el aumento del uso de asistentes de voz como Siri y Alexa, la búsqueda semántica y por voz será cada vez más relevante, lo que requerirá una optimización de los contenidos basada en consultas más conversacionales.

- **SEO para móviles**: con un número cada vez mayor de usuarios que acceden a los contenidos a través de dispositivos móviles, la optimización para móviles seguirá siendo una prioridad para mejorar la experiencia del usuario y la clasificación en los motores de búsqueda.

- **Contenido multimedia**: las imágenes, los vídeos y las infografías seguirán desempeñando un papel crucial en la captación de usuarios y la optimización SEO.

Cómo estar al día en el mundo de la SEO

Para mantenerse al día de la rápida evolución en el campo de la SEO, es esencial adoptar estas prácticas:

1. **Formación continua**: asista a seminarios web, conferencias y cursos de formación para estar al día de las últimas tendencias y mejores prácticas de SEO.

2. **Siga a expertos del sector**: manténgase informado leyendo blogs, siguiendo a personas influyentes y participando en debates en foros del sector.

3. **Utilice herramientas de supervisión**: utilice herramientas SEO avanzadas como Google Analytics, Google Search Console, Ahrefs, SEMrush, Moz y otras para supervisar el rendimiento de su sitio e identificar oportunidades de mejora.

4. **Experimente y adáptese**: pruebe nuevas estrategias y técnicas para ver qué funciona mejor para su sitio web y adapte continuamente su estrategia en función de los resultados obtenidos.

5. Trabajo en red: Participe en grupos de trabajo en red en línea y fuera de línea para compartir conocimientos, experiencias y estrategias con otros profesionales del sector.

Conclusión

El SEO es un elemento vital para el éxito en el marketing digital, y su importancia seguirá creciendo en el futuro. Estar bien preparado, informado y ser ágil son las claves para adaptarse a los rápidos cambios en los algoritmos de Google y a las nuevas tendencias en el comportamiento de los usuarios. Invertir en SEO no es sólo una inversión para posicionar su sitio en los motores de búsqueda, sino también para crear una experiencia de usuario superior y alcanzar sus objetivos empresariales. Con una estrategia bien definida y una búsqueda continua de mejoras, podrá posicionarse para afrontar mejor los retos y aprovechar las oportunidades del competitivo mundo online de hoy y de mañana.

ANEXO

Glosario de términos SEO

He aquí un glosario de términos esenciales de SEO que pueden ayudarle a comprender mejor el mundo de la optimización de motores de búsqueda:

1. **SEO (Search Engine Optimisation)**: Optimización para motores de búsqueda; conjunto de técnicas para mejorar la visibilidad de un sitio web en los resultados de búsqueda orgánica.

2. **SERP (Search Engine** Results Page): Página de resultados de búsqueda que muestra un motor de búsqueda después de que un usuario haya introducido una consulta.

3. **Palabra clave**: Palabra o frase específica utilizada por los usuarios en los motores de búsqueda para encontrar información relacionada con un tema determinado.

4. **Palabra clave de cola larga**: frase de búsqueda más larga y específica, menos competitiva que las palabras clave más genéricas.

5. **Backlink**: Un hipervínculo de otro sitio web a su sitio. Los backlinks son importantes para mejorar la autoridad y el posicionamiento SEO.

6. **Link building**: Actividad de obtener backlinks de otros sitios web para mejorar la autoridad y el posicionamiento SEO.

7. **Metaetiquetas**: Etiquetas HTML que proporcionan información sobre el contenido de una página web a los motores de búsqueda. Las más comunes son el meta título y la meta descripción.

8. **Meta título**: Título de una página web que se muestra en los resultados de búsqueda como título principal.

9. **Meta descripción**: Breve descripción de una página web que aparece debajo del título en los resultados de búsqueda.

10. **Crawler (o Spider)**: Programa utilizado por los motores de búsqueda para explorar e indexar las páginas web disponibles en Internet.

11. **Indexación**: Proceso mediante el cual los motores de búsqueda almacenan y organizan las páginas web en una base de datos para ofrecer resultados de búsqueda relevantes.

12. **PageRank**: Algoritmo desarrollado por Google para evaluar la relevancia y autoridad de una página web basándose en los enlaces entrantes.

13. **Anchor** text: texto sobre el que se puede hacer clic en un hipervínculo. El texto de anclaje es importante para indexar correctamente el contenido de la página de destino.

14. Texto alternativo: texto alternativo asociado a una imagen utilizado por los motores de búsqueda para comprender el contenido de la imagen, en particular para la accesibilidad.

15. **Etiqueta canónica**: Etiqueta HTML utilizada para indicar la versión preferida de una página web cuando hay duplicados o contenidos similares.

16. SEO de **sombrero negro**: prácticas SEO poco éticas contrarias a las directrices de los motores de búsqueda, cuyo objetivo es manipular los resultados de búsqueda de forma fraudulenta.

17. **SEO de sombrero blanco**: prácticas de SEO éticas que cumplen las directrices de los motores de búsqueda para mejorar la visibilidad de un sitio web.

18. **SEO de sombrero gris**: prácticas SEO que pueden considerarse éticas pero potencialmente arriesgadas o ambiguas según las directrices de los motores de búsqueda.

19.   **Impresiones**: Número de veces que se mostró una página web en los resultados de búsqueda, independientemente de si se hizo clic en ella o no.

20.   **CTR (Click-Through Rate)**: Porcentaje de usuarios que hacen clic en un enlace en comparación con el número de veces que se ha visto el enlace (impresiones).

Recursos y lecturas recomendadas

He aquí algunos recursos y lecturas recomendados para aprender más sobre SEO y mantenerse al día sobre las mejores prácticas y estrategias:

Libros

1. **"El arte del SEO"**, de Eric Enge, Stephan Spencer, Jessie Stricchiola y Rand Fishkin: un libro exhaustivo que abarca todos los aspectos del SEO, desde la optimización técnica hasta la estrategia de contenidos y la creación de enlaces.

2. **"SEO 2024: Aprenda a optimizar los motores de búsqueda con estrategias inteligentes de marketing en Internet"**, de Adam Clarke: Una guía actualizada que explora las últimas estrategias de SEO y marketing digital para mejorar la clasificación en los motores de búsqueda.

3. **"SEO for Growth: The Ultimate Guide for Marketers, Web Designers & Entrepreneurs"** de John Jantsch y Phil Singleton: Un libro que vincula el SEO a estrategias de marketing más amplias, ofreciendo un enfoque integrado para lograr resultados tangibles.

Sitios web y blogs

1. **Moz Blog**: Uno de los recursos con más autoridad en el campo del SEO, que ofrece artículos, guías y recursos para todos los niveles de experiencia.

2. **Search Engine Land**: Un sitio web dedicado a las últimas noticias, estrategias y actualizaciones en el mundo de los motores de búsqueda y SEO.

3. **Backlinko**: Creada por Brian Dean, Backlinko es conocida por sus guías en profundidad y sus tácticas avanzadas para la construcción de enlaces y la optimización de contenidos.

4. **Blog de SEMrush**: Ofrece artículos e investigaciones en profundidad sobre SEO, PPC, redes sociales y marketing digital en general.

Herramientas y recursos prácticos

1. **Google Analytics Academy**: cursos gratuitos ofrecidos por Google para aprender a utilizar Google Analytics para supervisar y analizar el tráfico web.

2. **Ayuda de Google** Search Console: recurso oficial de Google para comprender la mejor forma de

utilizar Google Search Console para optimizar su sitio para las búsquedas.

Estos recursos le ayudarán a comprender en profundidad el SEO y a aplicar estrategias eficaces para mejorar la clasificación de su sitio web en los motores de búsqueda. Recuerde seguir explorando y actualizándose con regularidad, ya que el campo del SEO evoluciona constantemente con nuevas técnicas y algoritmos a tener en cuenta.

Lista de comprobación SEO completa

He aquí una lista de comprobación SEO exhaustiva para optimizar un sitio web y mejorar su visibilidad en los motores de búsqueda:

Lista de comprobación SEO para la optimización en la página

Búsqueda por palabra clave

- ☑ Identifica las palabras clave relevantes para cada página del sitio.
- ☑ Utiliza herramientas como Google Keyword Planner, Ahrefs, SEMrush para la investigación de palabras clave.
- ☑ Elija palabras clave de cola larga relevantes para el contenido de la página.

- ☑ Considera la intención de búsqueda de los usuarios para cada palabra clave seleccionada.

Optimización de contenidos

- ☑ Cree contenidos originales y de alta calidad relacionados con el tema de la página.
- ☑ Utilice palabras clave de forma natural en el título, los subtítulos y el cuerpo del texto.
- ☑ Asegúrese de que el contenido está bien estructurado, con párrafos cortos, listas con viñetas y subtítulos claros.
- ☑ Incorpore contenidos multimedia, como imágenes optimizadas, vídeos e infografías, para potenciar la participación del usuario.
- ☑ Escriba metaetiquetas persuasivas y descriptivas para el meta título y la meta descripción.

Optimización técnica

- ☑ Asegúrese de que el sitio es accesible para los usuarios y los motores de búsqueda. Evite el uso de técnicas SEO de sombrero negro.
- ☑ Optimice la velocidad de carga de las páginas utilizando herramientas como Google PageSpeed Insights.
- ☑ Implementa el protocolo HTTPS para garantizar una conexión segura.
- ☑ Compruebe que el sitio es apto para móviles y está optimizado para dispositivos móviles.

- ☑ Utilice una estructura de URL sencilla y legible, con palabras clave siempre que sea posible.

Estructura del sitio y navegación interna

- ☑ Cree una estructura de navegación intuitiva y fácil de seguir para los usuarios.
- ☑ Utilice migas de pan para indicar la posición de la página en el sitio.
- ☑ Cree un archivo robots.txt para indicar a los motores de búsqueda qué páginas deben indexarse.
- ☑ Utiliza un mapa del sitio XML para facilitar la indexación de las páginas por parte de los motores de búsqueda.

Lista de comprobación SEO para la optimización fuera de la página

Creación de enlaces

- ☑ Adquirir backlinks de sitios web con autoridad relevantes para su sector.
- ☑ Utiliza técnicas de guest blogging para obtener backlinks de sitios influyentes.
- ☑ Participa activamente en comunidades y foros relevantes, aportando enlaces valiosos.

Redes sociales y compromiso

- ☑ Promover el contenido del sitio web a través de las redes sociales para aumentar la visibilidad y el tráfico.

- ☑ Cree una estrategia de intercambio de contenidos para atraer a su público y crear una comunidad en línea.
- ☑ Supervise la participación en las redes sociales para saber qué funciona mejor con su público.

Lista de control para el análisis y el seguimiento

Herramientas de análisis SEO

- ☑ Utiliza Google Analytics para supervisar el tráfico web, las fuentes de tráfico y el comportamiento de los usuarios.
- ☑ Utiliza Google Search Console para analizar el rendimiento de las búsquedas, identificar problemas técnicos y mejorar la indexación.
- ☑ Utiliza herramientas como Ahrefs, SEMrush o Moz para supervisar el posicionamiento de palabras clave y el análisis de backlinks.

Control del rendimiento

- ☑ Supervisar periódicamente el rendimiento del sitio web para detectar posibles problemas y oportunidades de optimización.
- ☑ Realizar auditorías SEO periódicas para garantizar que el sitio cumple las mejores prácticas y normas actuales.

Lista de comprobación para el SEO local

Optimización local

- ☑ Cree y optimice su perfil en Google My Business para mejorar la visibilidad local.
- ☑ Gestione y responda a las opiniones de los clientes para generar reputación y confianza.

Siguiendo esta lista de comprobación de SEO, puede mejorar significativamente la visibilidad de su sitio web en los motores de búsqueda, atraer tráfico cualificado y mejorar la experiencia del usuario. Recuerde que el SEO es un proceso continuo de supervisión, análisis y optimización para adaptarse a las actualizaciones de los algoritmos y a las necesidades cambiantes de los usuarios y los motores de búsqueda.